ESTIMANT DE LLEVANT

Recull de poesies

Cristià Campos i Campos

Primera edició: juny 2012
Autor: Cristià Campos i Campos
Revisió lingüística: Ferran Campos i Climent
Publica: Montserrat Progressista

ÍNDEX

PRÒLEG

Quan l'autor em va confiar la revisió lingüística de les poesies i la redacció d'aquest pròleg em va il·lusionar, d'una banda, però impressionar, de l'altra. La tasca de revisió (normativa, formal i estilística) en els poemes és, certament, difícil. La poesia és el gènere lliure per excel·lència i el poeta té llibertat absoluta per a crear imatges i sentiments en el lector. La tasca de revisió, doncs, s'ha de complementar necessàriament amb la visió creativa de l'autor.

Així les coses, l'autor i qui signa aquestes ratlles vam passar unes quantes vesprades intercanviant opinions sobre la revisió, per adequar lingüísticament el text a la intenció poètica de l'autor. I no voldria estar-me de comentar que fou tot un ritual: a la mateixa hora, un cafè i correccions entre cigarretes.

De fet, la lectura també té aquest component ritual: fixar-se en la portada i la contraportada, identificar el títol i l'autor, fullejar el llibre... i es decideix començar a llegir. Ara bé, els poemaris no tenen un inici i un final de lectura determinats, com per exemple la narrativa. El lector decideix quin inici i quin final. Llibertat absoluta.

I és, precisament, aquesta llibertat la que propugna Cristià a través de les seues poesies. Aquest poeta decididament compromès ens presenta un jo líric combatiu, crític i orgullós de la lluita que li ha tocat viure. Els poemes ens adverteixen que la llibertat s'aconsegueix en les coses del dia a dia, per això ens parlen de la quotidianitat: el record a l'altra mare, la iaia; la pèrdua del company lleial, el seu gos Pau; l'estima a la llengua i la pàtria, la llibertat anhelada; l'explicitació del ritual culinari; el reconeixement dels nostres símbols locals, com el Castellet i el Portell; l'expressió natural de l'amor més passional...

La poesia de Cristià es troba entre el personalisme més íntim i les experiències vitals compartides, per aquesta raó podem extrapolar els seus poemes a la nostra quotidianitat i sentir com nostres els sentiments que el poeta ens expressa.

La poesia és la soledat del poeta, la creació artística en solitud. És el resultat del moment de reflexió arran de les vivències del dia a dia, a partir del qual un paper en blanc comença a prendre forma amb paraules i sentiments. I la materialització en forma de llibre suposa l'afirmació d'un ara i un ací en un escenari que en moltes poesies ens és conegut, Montserrat. Serà faena de cada lector, per tant, fer reviure aquestes poesies quan un dia qualsevol recupere de la prestatgeria aquest *Estimant de llevant* de Cristià Campos.

Ferran Campos i Climent

A LA VORA DEL RIU

A la vora del riu un núvol d'espurnes.
A la vora el tro de brossa i grava,
la llença madura del vímet,
el teixidor i el pescador de xarxa.
La vista clavada al corrent
on es belluga un barb i la carpa,
la mitjana mirada que es perd en el fred,
el sentiment que es mou sota la calma.
Sospirant cap al vent del ponent,
maleint algun déu i una estacada.
En el gran camí del baladre,
en la pedrera on la mort s'amaga.

A la vora un llamp cau al plom
i encén el camí d'una traca,
la tenca que es creua amb l'home,
la tenca que es reflexa amb la llança.
La briseta que rossola per la pell
i refreda els puntals de la barba,
en les puntes dels dits un passat,
en les pometes dels dits de la mà la paraula.
A la vora del meu amic etern,
una colla de teuladins fan xaranga,
uns ànecs que llisquen entre els joncs,
anhelant el vespre a una dama.
Al vessant del rei de la vall,
als peus de la meua torre amada.

A la vora un gegant ronca al bosc
i un tenebrós senglar porta landa;
unes mines d'argent i quars,
i uns murals que emprenen la faula.
Presoner de les branques dels pinars,
encisat, amb les ones de la rambla,
enredat en les corfes d'un canyar,
abraçat a l'horitzó de l'enyorança.
A la vora on pastura el bou,
on emprèn el vell molí de dacsa;
el vell drac vigilant el pas del temps,
protegint un somni i una balança.

A la vora del meu Magre adorat.
A la vora d'una llacuna sagrada.
A la vora on descansa el rei.
A la vora un renaix la rondalla.
Missioner en el viatge promès,
missioner, encarregat de daurar l'alba,
on s'activa l'energia de maig,
on una llàgrima sala una galta.
Milers de flors adornen el seu cos,
on es barallen, la serp i la volaina.
A la vora del Magre estimat;
a la vora del riu que ens atrapa.

BARRAQUES

Barraques de cel, barraques de vent!
Parets de brac, sostres de canya,
samboris, jocs de xiquets...
calç blanquejant l'arrugada façana.
Un corral on envelleix un llorer,
un pou on es poa la calma;
silenciosos batecs als xiprers,
cua de gat, camamilla, abarçana.
I en la fúria del ponent,
la cobdícia que s'amaga.

Àngels d'ales rogenques,
brossa tranquil·la, cansada;
i als ulls dels deixebles
s'emprenya la història fracturada.
Baladre al voltant del temple de Déu,
petroli, i odi tacant la plaça.
Pàl·lids botxins d'alts barrets
i el dol ressonant en una campana.
I en la ira del ponent,
la resistència aguaita.

Carreteres de gasoil, de most,
galeres de blat, d'ordi, de gana;
bandolers en la gola del bosc,
i en el circ s'engalana una fada.
Ombra en les dunes dels lleons,
sang al mànec de l'aixada;
la sal del front de llaurador,
i un colom malferit a la xarxa.
I en la ràbia del ponent,
la pena que s'amaga.

Potes de conill, ànsia de sort,
i un bagul que dorm a l'andana;
la foguera, la guitarra i el mite,
i al voltant corre el cos d'una flauta.
Terra! Terra a l'horitzó!
i en el fons s'ofega venjança;
esquenes assotades de sol,
solcs embriagats de cassalla.
I en el ventre del ponent,
una biografia s'amaga.

Banderes acolorint les astes d'un om,
i cérvols al gebre de la muntanya;
tórtores creuant la fredor, la tristor,
i en un port l'espera del karma.
A la taula el conyac i el cendrer,
i un feix de llenya, a la rambla;
l'escalfor de l'entrada de l'hivern,
i al calor rebentant la castanya.
I en la ignorància del ponent,
l'alegria que aguaita.

Als balcons de ferro corbat,
s'hissa una bella vela blanca;
a la culata del fastigós fusell,
una àguila tatuada.
Al davant la barqueta del pescador
esperant, la llisa, l'anguila, la carpa,
i en la nostàlgia dels valents
la casella, la presó, veu callada...
I en la força del llevant,
la raó del home s'enlaira.

AMANTS

Jo vull volar pels teus ulls,
vull ser la pols als teus camins,
ser la il·lusió del teu esguard,
acaronar els teus pits...
Jo vull somiar amb els teus clams,
ser la força del teu crit,
ser el vaixell del teu amor,
ser el canó en el teu destí.
Jo vull somiar amb el balcó,
on el bon dia siga un teuladí,
lliurar albes al teu sol,
saludar els homes d'un paradís,
cantar-te cançons en la foscor,
jugar amb l'alba, jutjar al botxí.

Jo vull llaurar en el teu camp,
mullar les pometes dels teus dits,
ser fresc llevant per als teus cabells,
ser l'escalfor en el teu llit.
Jo vull contar-te rondalles i contes,
i als teus barrancs ser gessamí;
vull ser les ones en la teua mar,
ser pau per al teu esperit,
ser la cursa d'una cançó,
aixecar la bandera del teu país.
Vull ser raó d'una raó,
vull ser el color del teu matís.

Jo vull ser tresor d'un gran futur,
i en les boires ser el raïm,
que el verd del teu valor
ofegue les guerres d'aquell ahir.
Que una dolçaina enlaire un soroll
i que el teu foc seguisca viu:
escriure't poemes des del meu cor,
plasmar un blau cel en un tapís.
Vull ser la seda del teu llençol,
ser el reflex del teu espill,
ser la sageta de l'amor,
ser les aspes d'aquell molí.

Vull ser senyera de llibertat,
ser somriure en un món trist,
ser el timó d'un bonic poema,
ser al teu anell el robí.
Jo vull ser ànima d'enyorança,
creure en el ressò del teu sí;
al teu entorn estar content,
al teu entorn ser el més ric.
Jo vull menar per la teua sang,
ser la palla en el teu niu,
ser les rajoles d'un gran castell,
ser el teu rei, el teu amic.

Jo vull ser llebre en el teu bosc,
del teu barret traure un conill;
ser bombolla en els teus banys,
ser el roser del teu jardí.
Vull ser l'escut en el combat,
del teu encant estar envaït,
ser la lava dels teus volcans
i al teu carrer ser un gran pi.
Vull ser la màgia en el teu jaç,
ser l'aigua, ser el bon vi.
Vull ser covard, ser un valent,
ser un sedant als teus oïts.
Vull ser la passió, la fervor,
i eternament fer-te feliç.

PARATGES DE DESIG

En un rústic paratge de roca i brac,
la joguina del vol de la coloma.
Boscos obscurs copats d'alzinalls,
verda sala d'espera.
On cau de la paret el gegant mirall,
on cau el transcurs d'una vida:
jaç de tenebres i silenci,
frontera del misteriós oceà.
On la brossa es mulla,
on l'home pensa, home malvat.

En un rústic paratge de roca i brac,
un carro, un ruc, una vereda.
El suor fred del que camina
somiant amb l'Amazones,
somiant amb un planeta pur:
camins amenitzats per les falagueres
i fent ullades pels vessants.
On els caus de conills, demanen clemència,
on la pólvora es barreja amb blava sang.
On es creuen els sucs de l'amor,
on predomina l'ansietat.

En un rústic paratge de roca i brac,
televisions, desil·lusions.
Religions, guerres, cobdícia,
camps de maduixes, or de blat.
Oxidades aixades descansen a l'andana,
rius de carbó, núvols tòxics,
caçadors, botxins desesperats.
El falcó plora en les altures,
el cérvol trist, el lleó trencat.
Les ombres de les centenàries figueres,
llàgrimes al sol, petroli al prat.

En un rústic paratge de roca i brac,
esglésies vestides d'ocre.
Dimonis negres, cerclant l'abadia,
heura matinera escalant la torreta.
Odi que ofega, que humilia,
teuladins que es belluguen amb els corbs.
Dèbils plugims banyen les tanques,
serrells que grapegen el pa;

batalles perdudes, batalles guanyades.
I un vell molí que s'aixeca a la muntanya,
cobert, bocabadat amb el mant blanc.

En el rústic paratge de roca i brac,
el soroll del metall de les crues espases.
Boires que venen i van,
que amaguen els milacres dels sants,
que avorreixen als vells garrots.
Abrics bruts de combats, de sang,
abrics decorats amb esgarranys,
boires que mullen els peus dels xops,
que transporten les tenebres caceres.
En les terres de llegendes,
en el rústic paratge odi i llibertat.

LA MEUA LLENGUA

Llengua meua i del meu poble,
ànima que envaeixes els meus companys.
Llengua viva, sempre ferma:
veu d'un país, veu d'una lluita.
Parla volguda, estimada,
llança coberta d'or,
de closca dura, d'esperit lliure;
llengua que recorres els sequiols,
els rius i les muntanyes,
que menes per la nostra Mediterrània,
que ressones a la Cerdanya.
Ales que volen, que vigilen,
llengua mare de la meua terra,
digna, resistent, protectora.
Vestida de seda groga,
tallada amb quatre vetes vermelles.
Reina dels ports, reina dels camps,
present als canyars, als boscos,
a l'asfalt de les carreteres,
a l'albufera, a les illes...
Llengua que em regales la meua historia!
Llengua que lluites , que em fas guerrer!
Arma de la pau i del desig
veu de la raó, veu del meu estimar,
llengua volguda, estimada llengua,
llengua del meu poble.

LA MUSSA DEL TEMPLE

A l'ombra del vímet de la barra del temple,
en el got emboirat on la història descansa,
la rossa cervesa que recorre el marbre,
la fusta del marc, el llum i un clau.
On pengen les nits de nostàlgia,
pegat a la paret la mussa que ens besa,
la mussa de gòtics cabells, formosa.
La mire als ulls, records d'Amsterdam,
records del cavaller, savi viatger, caminava,
poeta en el carrer, obrer, company,
lligat a la mussa, a la seua dansa.

Assegut sota el cel d'escaiola,
assegut al tro del palau dels èxits,
el cervell caminant als fanals de la plaça.
Immers en la mar dels valents pescadors,
les meues canes escriuen el mite, la faula.
Assegut al cim, l'observe, em reflectisc,
m'enlluerne amb el passeig de les exòtiques dunes,
l'atracció de les corbes, de la màgia.
Encisat amb la tímida veu de la puresa,
escoltant la música que el cos enlaira.

Galant mirall, de robins emmarcat
de finíssima pell d'esmaragda.
La mire als ulls, records, xarradories,
de les temperades nits d'agost, amava.
De les fogueres passionals de les roques,
de les enceses flames arrossegant-se a la platja.
I la mire als ulls, records d'infantesa,
d'adolescència, d'amors vianants.
Del sedant raonar, de l'impuls de la calma,
la mussa de la cursa dels poemes...
La mire als ulls, la pau, la brasa
el foc, la llibertat: la mussa descansa.

EL CAMÍ

Al camí per on van les clavegueres,
al camí per on camina la vivència,
espardenyes brutes de fem,
de l'aigua pudenta de les fàbriques.
Al camí on viatja la cobdícia,
els àngels de l'infern,
restes de pólvora afloren les mans,
restes de verí recorren la sang.
L'avarícia companya del petroli,
de l'oli, de les nuclears i el casino,
avarícia, tramposa manta de fam.
Al camí que recorre la nostàlgia,
un suau flaire de café, de puro,
fort olor de sofre, de masmorra,
al camí per on passa el vianant.

Al camí de les bones gresques,
de les traques, les cucanyes,
el camí de la pols i de grava.
On descansen les borratxeres
de rom, de mistela, d'amor.
El camí que ens du a la dàrsena
d'on surt el vaixell de canya,
d'on surt el veler que guanya.
Un camí de racons, de roques precioses,
de mines de carbó, astes d'or,
de grans soldats, mercenaris!
D'estoretes teixides amb fil de grama,
de tenebres, de misteris i de boires,
d'eròtiques fantasies,
al camí on es mou la llana.

Al camí que recorre una torxa,
els anys de revolta, els dies de glòria,
on camina el llamp, tempestes i plata.
Fades, faules, follets i ginebres,
on fan cursa caragols i llebres.
Al camí, on volen sentiments,
el dolor, la calor el cru fred,
els dies de projectes i guitarra.
Les fogueres, la llibertat, les ganes,
on camina el desig, el vi de taula,
les misèries, les clemències,

les històries, les llegendes...
Al camí de les meravelles,
al camí on l'esguard sagna,
al camí que dibuixa la flama.

LA MEUA TERRA

Terra de terrats mullats de glòria,
de tenebroses victòries dormides,
de trenes de brac entrecreuades,
d'atroç silenci i vides acolorides.
El meu país de veles hissades
de carrers i mercats, d'estores cosides,
de cançons d'amants, d'ànimes cansades,
rosades sendes i coves humides.
Tarongerars caminant, engalanant,
fruites de caixeta, mores i figues.
El meu país jaç de vianants,
valentes persianes, trencades cornises.

La cresta dels pins, veletes d'agulla,
al vessant dels turons, els enigmes,
luxosos barrancs, horitzons blavosos,
esglésies de discurs i mudes ombries.
Sarrons a la serra i esquelles de llauna,
branques d'om, bressols i estries.
Elefants d'acer, cautxú i fum,
trencant el soroll, viatgers en les vies.
Dolents periòdics, palmeres i processons,
cales de tenques, xarxes d'anguiles.
El meu país de cos tranquil,
valentes persianes i alegres cornises.

Fullams caducs a les veredes
i centenaris oms vigilen els dies,
murta del temps, carrolls en el segles,
arpes a l'agost, domino i mentires.
Infinites vesprades enlluernen els dols,
llunyanes les nits de les bones visites.
Perfumades les matinades de setembre,
angoixoses les tempestes, il·lusions podrides.
Els vells llavadors, la font i els cànters,
i en el fons d'un pou, històries submergides,
en el meu país d'asfalt calent,
valentes persianes i tristes cornises.

Llops llegendaris, escuts i armadures,
i partides perdudes en les cofraries,
rossinyols aletejant, encimbellant,
i menyspreant les batudes furtives.

El meu país de pregons, de teatres,
de sèquies i sequiols, d'aigües esmunyedisses.
Cadells de bufanda, de forcat i motxilla,
de traques, de gresca, de mercats i botigues.
D'emotives lluites, de raons, de conquestes,
d'una senyera, de sentiments, de mites.
El meu país de quatre camins,
el meu país de sàvies cornises.

GUARDIÀ DE PEDRA

Guardià de pedra, gegant de pedra!!
En el teu cos el ponent s'estavella,
valent vigilant arreu dels segles,
fidel amic, fidel sentinella,
que guardes tresors en les entranyes,
que guardes els fruits que ens dóna l'era.
Jutge, guerrer de closca d'argent,
d'obscurs amagatalls, i verda jaqueta,
immens gegant que em contes llegendes,
als teus peus avarques d'esparreguera,
i cent ocells troben la llar;
gran vigilant de cor de garrofera.

Guardià de pedra, gegant de pedra!!
Gèlides nits et desafien,
obrint finestres a la lluna plena.
Company gegant! Vell amic!
Company en el joc de ma infantessa,
als teus vents un feix d'història
i un castell et corona la cresta.
De blanques rosades et pintes a l'hivern,
i a l'estiu et maquilles amb la rosella;
un marc de fenoll t'envolta,
i un raig d'emoció t'enlluerna.

Guardià de pedra, gegant de pedra!!
Senyoretes de coll blanc et visiten,
quan aguaita el sol de primavera.
Senyor de la pau, senyor de la clau,
ferotge la veu en sang calenta,
gegant de pedra! Entre branques d'ametlers,
dónes pas als plors, al consol i la pena.
Una llengua de terra s'estira cap al cor,
cosit amb agulles de pi i tela de morera,
centenàries oliveres et resguarden
de les dures guerres, amic de pedra!

Guardià de pedra, gegant de pedra!!!
Pare de raboses i conills
protector d'un eixam i la colmena
protector de l'hort, dels solcs de raïm
de la figuera, la parra i la pitera.
Suau oït, al ressò la música,

les notes, l'aiguardent i la festa.
Bruixot observador que m'encises,
que engalanes un poble i la ribera,
sàvia mirada que les sèquies recorres.
Etern amic, guardià de pedra.

CAMINANT

Camina, fent un camí al front,
camina amb la certesa de l'ahir,
com la senda d'un taronger,
cursant una vida, movent al destí.
Camina sempre endavant,
sota les gotes del plugim,
sota el vidre del fred,
sota el foc del sol gentil.
Camina sempre ferm, pacient,
sota l'ombra dels molins.

Camina al meu món valent,
per l'esmalt dels vells taulells,
amenitzant-te amb les belles roses.
Camina, mirant el curs del peu,
obrint veredes, obrint i obrint!
sense la por de les ciutats,
sense la por als botxins.
Camina alegre pels mons,
ambicions per descobrir
sensacions per escorcollar.
Camina sobre el temps per esclarir.

Jove vianant: la covardia.
Jove soldat: la valentia.
Renta les vores de l'asfalt,
plena la fel de simpatia.
Jove vianant, tens la força del combat,
i els ocells de companyia.
Jove soldat, lliure vent
que el futur acarona,
camina amb les armes de paper,
amb valor i camaraderia.
Jove caminant, jove i valent!

Vianant que camines entre lletres,
que camines entre l'esguard
de les llegendes de les canes.
Resguardat de la fúria dels llamps,
de la ràbia del que cobdícia.
A la mà alces la plata del mai,
a l'altra alces l'or de la ploma,
i en el cor una esclava de fang,

i una avarca d'espart en la motxilla.
Vianant, joventut en el teu cap,
i la il·lusió al camí de la vida

Caminant, un llarg caminar t'espera...

LA VALL

A l'androna on s'erera l'aire,
en la vall vigilada pel falcó,
l'espart es remou entre roques,
i un cau de grava on viu el margalló.
Les runes a la cimera,
muralles resguardades pels canons,
el ferro que amb suor s'estavella
destres escopetes i hàbils caçadors.
Enreixats en la torreta,
i les palmes entre els turons.

A la coberta de camamilla,
i entre el silenci del ressò,
el braç d'un ginebre s'enlaira.
Oneja un crit i un llançol,
a la mar del secà les roselles.
A la dàrsena esclata-sangs i lletsons,
al bassal on balla la grauxa,
a l'assut on pensa el pescador,
on renaix la fel i el pecat,
on de branques són els balcons.

Al canyar d'astes daurades,
al palau que governa el llop,
pedreres d'argila, de sorra,
i un exèrcit de pins i de xops.
A la costa arrendada pel vímet,
a la cala on s'atura el tauró,
les restes de l'òxid i la metralla,
les restes de llàgrimes i de plom.
A la llitotxa de la garita,
i en l'aljub de les emocions.

Als peus de les ungles del drac,
a les aspres mans del pastor,
la llana companya dels dies,
la cansalada passatgera del sarró.
En les fulles seques del panís,
en la melosa sang d'un carroll,
teulades de brac i de palla,
i fumerals engreixats amb carbó.
Una faula d'ogres i prínceps,
una caravel·la encalla al port.

A la vall on s'aturen fragates,
al port on comença un joc,
a la cresta de la muntanya,
i en el pit dels camperols.
Teranyines visiten la paciència,
i les serps estructuren el bosc,
la sola gastada d'unes avarques,
la fel, el desig i la protecció.
La vall de les amables llegendes,
la vall del silenci i l'amor.

EL CASTELLET

Recorde que em faig major,
enyore els dies de menut,
enyore els jocs i les curses per la muntanya.
Allí dalt, assegut al badall del Portell,
observant, envaint-me d'aquell penyot,
aquell tros d'història que al cel s'enlaira.
Allí on vaig descobrir l'horitzó de la mar,
els dies de catxirulos, els dies de pasqua,
el Castellet, estimat Castellet!
Eixe trosset de cor, sentinella del passat,
testimoni en les guerres, de la pau i de l'alba,
un senyal des del cim, un clam,
la fel i un senyor en la calma.
Trets dels fusells, arc en el temps,
la rella que llaura, la suor i una faixa,
el Castellet, estimat Castellet!
En les coves del cos un os,
una rabosa, el mussol, la cigala.
Allí, entre els braços dels ametlers,
esparregueres i alfabregueres,
el ressò del volteig d'una campana,
el Castellet, estimat Castellet!
Amat per una gent, amat per un poble,
passatger en els somnis, viu,
eternament lliure, fidel, resistent,
eternament en els ulls de l'enyorança,
el Castellet, estimat Castellet,
amat Castellet!

DES DE L'AVUI, IAIA

Iaia, t'escric des d'aquest front,
t'envie les despulles dels covards.
M'he trobat un rellotge a l'indret
on el temps sembla aturat,
unes restes d'un canó
i unes botes de soldat.

Iaia, t'escric des del futur,
et conte, que guanyàreu als tirants,
vencéreu, lluitàreu amb les ganes,
amb la certesa de la sang,
la que va regar els solcs
o renaix la llibertat.

Iaia, t'escric des de la sort,
t'envie els fruits de la constància.
La por que envaïa les valls
i el trofeu del final de la batalla.
Iaia, he lluitat i lluitaré
pel calor de l'esperança.

Iaia, companya, camarada!,
no hi ha plaques als carrers,
no hi ha odi que impedisca,
que et recorde qui vas ser,
al carrer i en la humanitat
i el teu color, el meu roig d'ara.

Iaia, vencedors i vençuts,
camarades exiliats
famílies maltractades
per la ira dels comandants
de l'exèrcit dels feixistes.
Iaia continuem el teu combat!

Iaia, t'escric des del nou front,
continue batallant des del demà
continue obrint el vostre caminar.
Les vostres lluites per la pau,
la vostra entrega per la llibertat.
Iaia, mai caureu en l'oblit,
mai més oblidats!

CAP AL TOSSAL

Hi ha un cel gris, cel de març,
els núvols caminen lents.
Vaig caminant per la carretera,
amb la mirada bruta de terra,
alçada per la brisa del ponent.

Vaig anant cap a les penyes roges,
s'alcen al sol les lletges torres d'acer.
I enyore els molins i les barraques
que habitaren les comarques,
on descansava el blat i el moliner.

Mire enrere i m'estremisc,
mire enrere , m'esgarrifa el dol.
Assaborisc el sabor del progrés,
el mal olor dels terraters,
on ara plora el camperol.

M'esgarrife al digerir
el braç d'una dura garrofera.
El mite dels que llauraren
els vergers que desfilaren,
i el terror de la incertesa.

Seguisc cap les pedreres,
ja no estan les clementines.
Ja no estan les mudes piteres,
ni balandregen les palmeres,
ni rossolen les boirines.

Allà, al fons puc divisar,
el brancar d'una vella olivera,
on xiuxiueja l'estornell.
Allà, a la soca, alena el vell
i un camí muda la pedra.

Vaig anant cap a les penyes,
envaït, cerclat per la tristesa.
Esvanit, i emprenyat,
blasfemant, impotent , desolat,
abatut pels dies d'infantessa.

De xiquet aquells joncs em divertien.
Els combats entre els xops,
els dies que menarem al barranc,
les vesprades de madrilles i crancs:
dissenyàrem la grandesa d'un verd món.

Ara passe, em passege per l'asfalt.
Ara creue per un pont de formigó.
Ja no està la senda de les peres,
ja no estan cantant les caderneres,
i a l'assut sols descansa un vell garrot.

He arribat al final del curt passatge.
Es tanteja en l'aire la mentira,
entre els atovons i el petroli.
En les vores corre un oli,
el que engreixa la tirania.

Seguiré potejant la carretera,
anhelant els molins i les barraques,
el gojar del balandreig de les palmeres,
el cant d'estornells i caderneres;
i els tardejars d'aquelles llunyanes vesprades.

EL PRIMER DIUMENGE DE MARÇ

El primer diumenge de març,
un diumenge d'alba clara i neta,
he eixit de bon matí damunt l'estora fresca.
A l'asfalt, trossets de suro s'escampen,
trencades botelles de la nit de pena;
els contenidors arrebossats de malesa
i jo vaig marxant, cegat amb les cantades,
encisat, amb la grauxa que brolla en la vorera.
El gos s'arrossega entre els fils de la verdosa herba.
Ni un soroll desconcertador s'escolta a l'entorn
tan sols el xiuxiuejar dels ocells des de la pedrera.
En aquest diumenge de març que com cada dia
isc al bon despertar, amb la consciència contenta.
I torne cap a casa, empatxat de tendresa,
agraint a tots els déus aquest diumenge assolellat,
agraint-los la tranquil·la benvinguda de la primavera,
i el bon estar de la pau en l'atmosfera.

Diumenge somrient, grat i pacífic!
Ara estic assegut a cau de poema
mentre al foc s'estén una aromàtica paella.
El gos està quiet, tombat, observant-me,
gratificant el seu amic, home de cuina i lletra;
amic del món animal i fidel en la condemna.
Diumenge vanitós s'ha presentat en l'androna,
un dia deliciós com la brega de colmena,
dia exquisit per una vesprada de pesca
en acabar de devorar el trofeu de la paciència:
el trofeu ben guanyat, trofeu a la certesa.
Marxarem el pare i jo amb les canyes,
marxem a visitar el riu de ma infantesa,
el meu Magre amat on fa cau la tenca,
i passarem una amable estona davall el fullam dels oms;
recordant de no haver d'ancorar una pastera,
ni haver de remar per l'exili d'una costera.

Diumenge fantàstic de març, a la vesprada
una gèlida brisa des de l'est ens colpeja.
Hem marxat i hem vingut, i buida la peixera,
mentre ho intentava pensava en la estètica,
en la pobra imatge de les cintes de la gravera:
en el trencar de l'harmonia de la ribera.

Hem anat i ens hem assegut a les dues cadiretes de platja,
i assegut m'encantava la immensitat del drac de pedra,
la corona que els seus cims l'encimbella,
encantat amb l'hospitalitat del seu riu que llava
la llarga i infinita cua que la vall creua
i la gran tanca de vímet a la vora s'aixeca.
M'he sentit viu, engrandit, protegit,
enriquit amb les aigües que el peix allibera.
Segur a la soca de la carrasca que actua de sentinella
hi he tornat en aquest artístic diumenge de març,
després d'un jorn de gustosa borratxera
d'emocions, d'acalorades emocions, en la testa.
Ara em queda assaborir la nit, la fresqueta nit de març,
aquesta nit que agradables sensacions em deixa,
aquesta tendra nit de març, d'aromada menta,
aquesta nit que desitge que s'òmpliga de pau
i ben dolços siguen els somnis en aquesta nit serena.

VINARÒS

Front a front, l'oceà i jo,
front a front, bes a bes,
front a l'alba, front al sol,
ones tranquil·les, sorra i gots.
A l'esquena les roques,
al blavenc sostre un vals,
i als cabells amor, etern amor.
Al blau cel el cant d'una sirena,
una barqueta i la sort.

Front a front, l'oceà i jo,
les converses simpàtiques de rossinyol,
el silenci, i el valor.
Del fum de la pipa d'un marí,
front a front, un bon sabor,
les bromes matineres del Maestrat,
l'ombria, l'empatia i la fredor.
Fustes de misteri i llibertat,
i al pit una sirena,
una veleta i la sort.

Front a front, l'oceà i jo,
entre les dunes de la cala,
entre l'amagada veu de la raó,
surt la pau, surt la clau,
jutja un jutge i crida el cor.
A la hissada vela gravat un bressol,
i en terra ferma la set.
A la platja rugeix la veu del lleó,
i murmurant en la distància,
els llavis d'una sirena,
una maleta i la sort.

Front a front, l'oceà i jo,
el cadmi d'un lluent esguard.
Una moneda d'argent a l'entorn,
una ampolla de whisky, la tequila,
el destí del pirata, rom!
Coves d'història, banderes,
i gavines plomant una il·lusió.
Tremolen les penetrants mirades,
honestedat, la son i l'honor,
i al pit la llar de la sirena,
una família i la sort.

Front a front, l'oceà i jo,
dibuixant a l'aire un anell de fum,
emprenent el poema, obrint pulmó.
Una galera i un contacontes,
una cimera, el palau, el tron.
Les blanques plomes de la coloma,
a pas a pas, a poc a poc,
una tovalla, l'enceb i la canya,
la paciència, la bellesa dels records.
I al pit la nit d'una sirena,
una estrella i la sort.

Front a front, l'oceà i jo,
el tendre murmurar d'una cantada,
com l'ovella pel pastor,
com el molí que rega l'era,
com gerani en primaverenc balcó.
Front a front, el llit i el desig,
fanalets i precs al perdó.
El lligam de l'esperit lliure
i al pit la pell d'una sirena,
la certesa i la sort.

Front a front, la mar i jo,
passa l'or d'un vell canyar,
passa el brou de la nit de passió,
passa l'esperança, la saviesa,
passa una vida i el miular del mussol.
Passa l'ombra de les nècies errades,
passa una alegre marxa,
passa l'encís del bruixot,
i al pit la torre d'una sirena,
la princesa i la sort.

Front a front, la mar i jo,
quatre camins, quatre caminars,
la guanyadora i el perdedor.
Quatre nits, quatre dies,
quatre llançols i el dolor.
La muntanyeta, la ressaca,
i una façana embellida amb colors.
En la peixera es mou una anguila,
i es mou la llegenda en Vinaròs.
I al pit l'estima d'una sirena,
el planeta l'univers i la sort.

RAONS DE TAÜL

Llunes de sang, llunes de màgia,
prunes al bosc, prunes de nata.
Hores penjant d'un xiprer,
i blanc fum d'una teulada.
Sedosa neu mena pel rierol,
i una llacuna d'enyorança,
cadells de futur, feres del demà.
La victòria seguda al bassal,
i un esguard cadmi en la calma.
I en les ones de la raó,
la sal,
i la mar a trenc d'alba.

Canyes que ploren en un racó,
taül, història d'auca.
Dormint la cega en la bombolla,
l'escut i un casc de palla.
La veleta que mira al xaloc,
i fent força la tramuntana,
la pluja que rega un matí,
i a les nits gelada rosada.
Un vaixell d'esperit valent,
a l'instint el valor d'un pirata.
I en les ones de la raó,
la pau,
i la mar a trenc d'alba.

Cigonyes passatgeres del temps,
un barret, un tabal, una dolçaina.
El soroll d'un tret del passat,
els pilars que aixequen una rondalla,
un castell que reviu un ahir,
el dolor, la calor i una flama.
Unes arrels que brollen de la font,
i corrent la suor per la rambla.
I en les ones de la raó,
la balena,
i la mar a trenc d'alba.

Al còmic riu un infant,
i pel carrer camina la venjança,
i tenebrosos sentiments,
en la llar on viu la ignorància.

A la serra on habita el bou,
reina la fel, reina la constància,
i en la vereda que resguarda el fenoll,
la gossa cria, plora i lladra.
I en les ones de la raó,
la llibertat,
i la mar a trenc d'alba.

ENS TROBAREM

Ens trobarem en algun lloc a la terra,
en alguna taberna ancorada a un port.
Ens trobarem en les creuades d'un segle,
en les vies de les locomotores de vapor.
I ja trobats, junts de la mà,
iniciarem un gran viatge
tot i digerint un bell paisatge,
ben distrets i observadors encantats.
Amb el mite d'una aventura
i a l'esperit una armadura,
que ens protegisca de les enveges,
que ens protegisca de les sagetes
i dels objectius dels tiradors d'ira,
dels caçadors furtius de la vida.
I així marxarem al front, valents!,
segurs, amb el cor ferm,
amb l'amor, bonic amor,
amb fervor, gran passió!
Marxarem amb l'espasa enlluernada,
amb la sang ben destil·lada,
i amb la certesa de l'estima.

Ens trobarem en algun bosc malferit,
en la torre que resguarda la vall.
Ens trobarem amb la sang ben emprenyada,
amb els ulls plens de metralla
i amb la fúria planejant-nos.
Al combat serem els amos,
serem soldats i cavallers,
per la pau, per un món verd...
Lluitarem i lluitarem,
guanyarem i guanyarem,
als botxins de ràbia i foc,
als tirants i als dictadors.
Ens trobarem on reina la veritat,
on s'atura el vent de llevant
i s'hissa la vela més humana.
On descansa el ding-dong de la campana,
allí reviurem, brindarem,
per la victòria, i tornarem
a marxar cap al demà,
amb la sort, i amb l'honestedat
amb la pau i llibertat.

AUS

S'allunyen en les denses boires
les aus vinents d'una estació,
destres aus que assenyalen les sendes,
al cel blavós del Mediterrani.
Creuen les nits de lluna alta,
aletejant, pintant en els vents,
els frescos que enriqueixen els cims,
i els verdosos prats que a l'horitzó s'alcen.

Victoriosos vols encimbellen
els colors pàl·lids de l'alba.
Preciosa alba d'un rostre de maig,
matinades xafades rossolen la pols
dels camins de benvinguda.
Els camins que guarden les xarradories,
les blanques cares i balcons de geranis.
Anhel d'amant a l'ombra de l'olivera,
anhel de pau a peu de vinya.

S'allunyen les aus entre boirines,
s'emporten els records de la grauxa
del melós gebre de les muntanyes.
S'emporten el silenci dels xiprers,
de les silencioses processons
de sants i diables, deixebles.
D'un silenci harmònic i encantador,
anhelant els penya-segats de la pàtria,
petita pàtria, gran estima!

Les aus salvatges i lliures,
mestresses en la llar de branca.
Deesses dels misteris de l'oceà,
terrenals viatgeres, pacífiques,
lliures, lliures espantades de núvols,
acompanyen les maletes de ploma.
Lliures bambolegen, s'estenen
en el místic tardejar de glòria.
Lliures vols, cossos de victòria,
lliures aus, amigues sagrades.

MENUDETA PÀTRIA

Ara que em sent més gran
i alce els ulls als vents terrenals,
i sent la veu de la meua pàtria.
Menuda pàtria, gloriosa,
de tardejars celestials
i eufòriques comarques.

Ara que sóc més gran,
més vell, de cuir canós
i tinc al cel en marxa una vela
que espenta amb força estima,
els finíssims balandrejos de la serra,
i sensuals envestides de balena.

Em faig gran, de la mà del poble
a l'olor de farcides parcel·les d'atzar.
Gran com el poble que ame,
d'innocent cor d'infant.
De sorolloses mascletades,
poble gran, somriure blanc.

Ara que ja sóc gran,
tan immens, tan experimentat,
envaït del vestit de les canyades,
amades canyades, paisanes imatges,
que enlairen la pols de llibertat
i les bromes del trenc d'alba.

Gran, tan gran com el Castellet,
que governa l'enyorança,
la constància i la noblesa.
De noble esperit, ardent,
les façanes de certesa,
les sendes de fenollars.

Ara que sóc més vell, potser sabut!,
assaborisc el soroll de les dolçaines,
i m'esgarrife i m'emocione.
On s'alça al cel una gran rosa,
coronada de volaines
descansa l'or d'una princesa.

Ara que sóc gran,
al bagul guarde una bandera,
un passat, una lluita sana.
Als carrers de la pàtria,
menudeta pàtria amada!
de parla senzilla, fresca.
De gran amor
com jo de gran,
tan gran com lliure,
tan lliure com jo,
menuda pàtria, gran estima.

AGOST

Cal que et conte a cau de balcó
com rossolen les cortines
per les carnoses i obertes finestres.
Com s'embolica entre joguines
el llamp calent del Sol.
A cau de balcó les denses boirines,
matineres vistes assedegades de vida,
cusen l'enreixat farcit de clavellines.

S'estenen anhels travessant el telar,
creuant el gran prat de mores i lletsons,
divise una egua plena de bellesa,
d'un galant passejar, ferm i formós.
A cavall galope pels històrics camins
a mercè del fragant rei fenoll,
submís esclau del balsàmic tardejar,
ancorat en les eròtiques llunes d'agost,
ancorat entre els fluids corrents del most.

Se senten les pesades xafades del bou
estavellant la fúria contra l'asfalt,
estavellant la gràcia contra l'acer,
tanques d'òxid, suc de barra de bar.
Nuvolades de fum emprenen la traca,
¡foc explosiu, bogeria, personal!
adherits als cadafals de crits i bots,
adherits a les ganes innocents d'infant
protagonistes de l'agost esperat.

Festes, festes d'agost! reviu l'església,
els lents caminars de llums i cera,
els sants, les verges, les processons,
les passarel·les, desafiaments i enveja...
I un gran castell d'artificis emboira la nit,
fanalets, balls, nit de revetla...
Agost, festes d'agost! aplec de quintes,
retrobaments de records, sana gresca.
Agost, aplec de records d'infantesa.

Arriba l'agost, oït de vacances,
infinites vesprades de pesca -paciència-,
emotius episodis cerclen les ànimes,
prenen la plaça rius d'adolescència

en el calent i viu quadre d'agost.
Colors, molts colors en la consciència,
un poble que renaix en cada agost.
Agost que viatja per la melangia,
l'agost d'un poble, l'agost de la gent,
agost de festa, agost de vivència,
l'agost de tots.

AL MEU GOS PAU

Quan surt a les muntanyes de la meua vida
ja no veig les teues xafades que marcaven
les sendes glorioses i entretingudes.
Quan surt a caminar per les veredes
no tinc l'amor que em deixares,
les teues curses que tant meravellaven
el meu esperit de fang i canya.
Ja no estàs en les nits infantils,
sols reines als meus somnis,
sols al meu cor encara l'engrandeixes.
Quan surt al peus del meu guardià de pedra,
recórrec les passeres que inventàrem.
Recórrec els records d'aquells dies
en que la sort m'il·luminava,
m'encimbellava amb la teua companyia,
m'enamorava la teua honestedat,
tots dos, tots dos combatíem la tirania,
tots dos envaïts de tanta estima.

Rei meu, vaig ser el teu esclau feliç,
servir-te em farcia de noblesa,
servir-te m'omplia la quotidianitat.
Rei meu, ara et serviré des dels mortals,
t'estimaré com el cel a la mar,
com el colom estima la pau.
Rei meu, ara estic corrent pels ametlers,
jugant pel corredor de casa,
i al terrat m'he posat al sol, al teus peus,
com tantes matinades de rosada.
Ara estic passejant-me per la vorera,
enyorant la teua fortalesa.
Rei meu, ara estic plorant al nostre jaç,
enyorant-te, estimant-te, recordant-te...

Quan surt cap al riu on l'ànec mena
i em revolque en els munts de vímet,
m'arrossegue pels ulls d'una pedrera.
Quan recórrec les pereres del barranc,
puc gaudir dels pèls que entre l'herba
es pentinen front al vent de llevant.
Quan xafe els carrers mullats de pluja,
jo em mulle amb la teua llana negra,
jo m'encise amb la teua màgia.

I ara estic travessant l'era,
no t'olore, no t'observe, no et toque...
Sols em queda una fastigosa tristesa,
sols em queda un cor buit, abatut,
un cor que no oblida, no es rendeix,
i una lluita que comença: la teua.

Pau, he pregat tots els sants del calendari,
i no els he trobat, se n'han oblidat.
Rei ara que dorms lliure entre les brosses,
entre les oliveres, garroferes i floretes,
silvestres, tant silvestres com nosaltres.
Pau, he pregat a tots els déus de fusta,
que siguen justos, que siguen reals.
Pau, des del cel o des de la terra,
envia'm els teus besos, protegeix-me
dels furtius esdeveniments tan humans.
Pau, ara que estem tan lluny,
no t'oblides d'esperar-me a l'androna,
on s'erera l'energia, o s'erera l'alegria.
I jo amb la maleta feta, un collar i una beta,
i un gran os et portaré a l'últim viatge.
Rei, ens veurem al teu regne,
i correrem per les sendes i muntanyes,
i pixarem totes les cantonades,
i volarem pel riu que ens governa,
i reviurem l'amor que tant ens lliga,
i reviurem una estima ja eterna.

LUXÚRIA

Estic mirant-te encisat,
encantat, observant-te enlluernat,
encenent una foguera.

Esclatant en el meu pit,
un tic-tac i un fort desig,
envaït de la teua carn.

Entre paraules d'excusa,
els ulls penetren la brusa,
que acaronen el mugrons.

Tremolen sofàs i llits,
entre clams i crits,
entre sucs de luxúria.

Estic menjant-te famolenc,
passant la llengua per la pell,
encegat en el teu sabor.

Esclata l'oli del volcà,
de fluids un oceà,
entrant al món d'un gran plaer.

Estic mirant-te enamorat,
tocant-te suau, constant,
assaborint el teu karma.

Baixe la mà per l'esquena,
els cabells de la melena,
per les dunes del teu sexe.

Ens enredem entre cortines.
Complicitat entre joguines,
creuant el foc entre mirades.

Estic amant-te com un llop,
ferotge, salvatge, amb goig,
fent del temps un paradís.

Al teu entorn sóc esclau,
sóc submís en el teu cau,
sóc feliç en el teu cel.

ASSEGUTS

Estic assegut al teu costat,
Amb pantalons negres i cabells mullats,
Amb la mirada plena, màgica, celestial.

Estic mirant-te de reüll,
la brisa que es refrega pels teus ulls,
la calma que acaricia un futur.

Estàs clara, viva, enlluernada,
fresca, energètica, temperada,
bella, nueta, desitjada.

Set vides guardes al teu cor,
una mar, una barca, un tresor,
una història, un record.

Tu i jo sols, vius amats,
tu i jo encesos, encisats,
cremant-se en la lava del volcà.

Formosa rosella de primavera,
sincera, ferma viatgera,
bruixa de llegenda, princesa,

Estic mirant-te encantat,
estic tocant-te meravellat,
envaït del teu encant.

Besets al coll, bromera,
la carn dels llavis, pomera,
i mel de romaní de la brega.

Al teu costat la felicitat,
al teu voltant ansietat,
al teu amor, la llibertat.

LA DAMA DEL PORTELL

Clarianes de pau als teus matins,
àncores a la costa sagrada.
Guerrillera en els teus somnis,
princesa de corona i espasa;
rosades flors d'ametlers,
al mirall de la calma.
I als teus ulls de cirera,
s'acarona l 'abarçana.
Coloma en un cel de paper,
àngel de luxúria i arpa,
una perla en la teua son,
i al despertar una dolçaina.
Màgiques dunes corren pel teu cos,
i dels teus llavis,
un agost, el foc i la brasa.
Campanetes amenitzen el camí,
aigua per al taronger, fresca grauxa.
Missatgera dels llibertadors,
valenta, energètica companya,
fusell carregat de rosers,
d'esperit lliure, sucre de canya.
Suc de la bresca de colmena,
roses, maduixes, crema i cava,
eròtics llançols onegen al teu jaç,
i cànters de desitjos de nata.
Sageta, missionera en el llevant,
escut de futur, ruixat de muntanya,
mussa del poeta, meravella.
I dels teus llavis,
un bes, la sort i la brasa.

Llesques de mel d'atzar,
i un carroll d'or penjant de la parra.
Alè d'espígol, cor de lleó,
dolç tardejar, exòtica marinada.
Barquetes de xop pels teus rius
i cent dofins en una balada,
passatgera en la veu d'una cançó,
en les lletres i en la guitarra.
Dama d'esfinx de tall de neu,
de gòtics cabells i elèctrica mirada.
Magnètica llum, encisadora,
d'ànima serena, sedant i temperada.

Misteri de llegendes del nord,
i dels teus llavis,
l'impuls, la raó i la brasa.

Reina dels rierols del most,
tapissos de seda, estores de grama.
Emperadriu de les terres del raïm,
de la titella, el conte i la fada,
cristallina rosada en l'heura,
deessa de vellut envoltada.
Dama del xaloc, del mestral,
de l'argent, del robí i esmaragda,
de les coves de la cua de gat,
de la música, la gresca i la dansa.
Enlluernada en les llunes plenes,
comandant d'una camada.
I dels teus llavis
l'honor, la victòria i la brasa.

Jove còctel de sucs i rom,
golosa i gustosa maragda,
de galeres i caravel·les,
sang de lluita, sang de pirata.
L'ivori agermana la teua pell,
enigmàtica, calor de queimada,
dama en el cim de rei Castellet,
sirena d'una mar pintada.
Anell d'un gran vaixell,
el que mena cap l'esperança,
rebel planeta d'un univers,
pastoreta d'una serra encantada.
I dels teus llavis,
el llamp que encén una flama.

L'ÚLTIM ADÉU

Quan siga mort, moriran milers d'il·lusions,
naixeran misteris i els ulls es quedaran buits.
Sols la brisa que pentinarà les pometes dels dits,
accelerant la fredor del meu cos, cos present.
L'energia es bellugarà entre la lluna i la nit,
seré el bon amic del bon amic silenci.
Junts oblidarem les derrotes i els èxits,
brindant als mortals els bonics records.
Les verdes i tímides fulles dels xiprers,
rosers, geranis, rovellons i bolets,
cants i xarangues dels ocells.
Veient passar els dies i el mesos,
els anys, els segles i l'infinit temps...
Hauré marxat en un viatge però a prop,
no em sentireu, m'oblidareu, hi seré per tot arreu:
al meu poble, als camps, al món...
Veuré de nou els meus antics companys
somrient com cada jorn cap al treball,
pinzell a la mà, raonant i xiulant.

Quan siga mort, ni misses ni dol,
les cendres del meu cos coronaran el Castellet.
Allí dalt miraré, observaré, reviuré,
vigilaré el progrés, la cursa dels xiquets.
Ells riuran amb mi, amb el meu somriure,
amb els meus jocs, amb les meues vivències.
Recordaran el meu nom, les meues paraules,
el vent m'escamparà per tota la vall, amada vall!
Pel terme, volant damunt dels pensaments,
seré al gebre del matí en cada trenc d'alba,
seré l'aigua en les pluges de la tardor.
Retré honors pel que sempre he lluitat:
un món verd, honest, per la llibertat,
per la igualtat, per un ideal, per la pau.

L'últim adéu que siga senzill,
mocadors secs i goles divertint-se,
soterreu-me alegres, humils, contents.
Sols una rosa roja entre les pàl·lides mans...
jo, m'enduré poca cosa, una vida passada,
una bandera vermella, companya d'anècdotes,
i fidel fins la foscor, fins la mort.
Quatre barres de sang, un país, la terra,

i el record d'una amada, d'un amor.
Descansaré en pau, feliç per sempre,
descansaré tranquil... i lliure.

COMANDANT DE CUINA

Jo, comandant a la cuina,
senyor entre cassoles,
senyor entre pinyons.
Encenc un foc, oli al perol,
comence un sofregit,
maleint al cap un colp.
La paleta al ran del muscle,
i al cervell un gran plaer.
Jo, comandant casolà, divertit,
pose l'aigua, va bullint:
un grapat de llavoretes,
unes quantes costelletes,
i un tros de conill.
Afegisc un got de tomaca,
afegisc un got de vi,
i mig got d'emoció
escalfa la pell del pit.

Jo, capità d'un vaixell de canya,
cuiner de calç i porcellana,
de bandera l 'abarçana,
i de gustós romaní.
Va bullint la cassola:
afegisc un poc de pebre,
uns alls frescs, bajoqueta,
i entre mig la cerveseta,
amenitza el bon menjar.
Arròs, arròs del terreny!
Baixe el foc, ben lent,
i afegisc el fruit de Sueca,
unes herbes de sarjoliva
i ja! cadira i poemes d'en Vicent.
Passa una estona,
em gire la gorra,
mirant el rellotge, tot a bon temps!
Apague les flames,
trac les forquetes i les espases,
i una copeta d'aiguardent.
S'enceta el camí de la gana,
que acaba al mig d'una taula,
de feres bavoses impacients.
Ja! ja esta ací el gran trofeu!
que maleint mil déus,

victoriós ha eixit del paeller.
Xe que bo! Xe que bo!
Esclata la veu dels llops,
plens de gana, famolencs,
comandant de la cuina,
has guanyat la rutina,
comandant entre cuiners.

AMIC

He vist al meu amic
company de vivències,
de llargues xarradories,
company de barra i de marbre,
d'escalfar culs de cadires,
de batalletes i combats...
Company de secrets,
de bons menjars,
ens hem trobat a la cantonada,
ens hem fet majors, adults i vells,
amic, professor i obrer,
fidel i mestre en el carrer.

- Bon dia xoto, què fas ací?
Ja som els dos al nostre poble,
un barret tindrà la culpa.
- Amic, anem, ens espera el roure!

- Per favor, un té i una cervesa!
Encenem un cigarret,
entre el fum que surt de la cuina,
entre els diaris de gran mentira,
i l'olor del café.
Hem entrat al temple de les històries,
on es cuinen les memòries,
on s'arreglen mons i nacions,
on fan vida els moscons,
com si fórem diputats,
discutim i obrim debats,
i recordem aquells combats.

Ja és ací el fuel per rentar la gola.
S'apropa la cambrera, formosa morena!
on els ulls es queden encisats.
- Vaja tu, quina perla!
- Vaja, vaja! Haca tendra!
I així ens quedem embovats!

Seguim el fil de la conversa,
ben contents, ben mullats.
I ara que el plom puja al cap,
ja parlem de l'or del blat,
i de les terres del nord.

- Que bonic que seria!
cooperatives, drets humans,
respecte, país, llibertat.
I així passem l'estona,
enlairant la madona,
i fent honors a l'espart.

És de nit, l'amic se'n va,
ha de tornar al seu treball.
- Adéu company! obrer.
- Adéu fins l'altra.
- Ens veurem demà,
ens veurem més vells,
més adults.
Amic, company etern.

A L'ASSUT

Com la carícia d'uns llavis,
com el ballar d'uns cabells,
dibuixant en les entranyes,
daurades corbes d'anell.
Una llàgrima banyada, humida,
i fent feixcar amb els sentiments.
A l'alcova on l'or es relaxa,
a l'alcova on el rei creix,
a l'assut on tu et banyes,
i en l'ansietat del meu voler.

La lluna, mercenària dels segles,
mou el toll on beu la set.
La terra plana, la terra sagrada,
la fortalesa del vent de l'est.
Teulades de terracota, felines,
telles de borró, pasta d'algeps.
On el zum-zum de les abelles,
balandreja l'aromàtic timonet,
i en l'assut on t'esplaies,
s'esplaia l'energia que m'estremeix.

Migratòries oronelles de cornisa,
bresques de mel, cànters de llet,
una cistella d'exòtiques cireres,
roures de pau, culs de vímet.
Utopia al portal d'una església,
pana i boines a cau de carrer,
a l'aljub on es poen les vivències,
i en el parlar de les pedres del castell.
A l'assut on tu et pentines,
on esculpisc els poemes en un paper.

Prestatgeries de canya, cortines de joncs,
polissones notícies en un vaixell,
avions de records en l'atmosfera,
i nostàlgies lligades a un mercader.
Emmanillades les branques de l'estima,
palmerars repoblant-se d'ocells,
i calaveres de fusta, fang i palla,
en l'assut on t'enriqueixes de tendresa,
en el ric paisatge del meu saber.

CATEDRÀTIC D'AVARÍCIA

Catedràtic d'avarícia!
tu no pernoctes al caixer.
Esgarrifador fred al teu imperi,
mestre de guant blanc, home de res,
solitari personatge, angoixós!
mestre de bastó, cor d'algeps.
Omplis caixes de ferro,
omplis de gana els budells.

Catedràtic d'avarícia!
tu que et moques amb bitllets,
que et refregues la pereta,
avui a qui fotré?
Tu que et rentes l'esquena
amb el suc de llom d'obrer.
Alimanya, alimanyeta!
sense pau però amb pes.

Catedràtic d'avarícia!
caciquet d'un mar de rent,
mentre la ronya de l'almoina,
embruta els pàmpols dels teus ceps.
Ingrata persona, víbora!
que de vellut llueixes barret,
mentre t'esmoles els ullals,
i el teu bestiar es mor de set.

Catedràtic d'avarícia!
ja tens placa en un carrer,
ja tens cova per traure la garra,
la que arrapa les parets.
Catedràtic! Catedràtic!
que en la barra creus ser rei.
Però reines en la granja,
entre rucs, porcs i fem.
Catedràtic d'avarícia,
catedràtic de l'infern!